I WISH LIFE COULD BE THE JOURNEY TO GOODNESS…

मैं चाहती हूं कि ज़िन्दगी अच्छाई का सफर बने…

I WISH LIFE COULD BE THE JOURNEY TO GOODNESS…

मैं चाहती हूं कि ज़िन्दगी अच्छाई का सफर बने…

Selected Poems by Enakhon Siddikova

एनाखोन सिद्दीकोवा की चयनित कविताएँ

English Translation
Asror Allayarov

हिंदी अनुवाद
शमेनाज़

Published in 2024 by Notionpress, India
E-mail: drshamenaz.2023@gmail.com

I Wish Life Could be the Journey to Goodness (Selected Poems by Enakhon Siddikova)

Content/अनुक्रम

About the Poet's Life

Enakhon Siddikova was born in 1954 in Altyaryk district of the Fergana region, Uzbekistan. In 1976, she graduated from the Faculty of Philology of Fergana State Pedagogical Institute. From 1976 to 1996, she was a teacher of Uzbek language and literature in the schools of Altiarik and Fergana districts, a school director, from 1990 to 1997 she was a reporter for the newspaper "Farg'ona haqiqati" ("Fergana Truth").

Enakhon Siddikova worked as the head of the Fergana regional branch of the Writers' Union of Uzbekistan, as the editor-in-chief of the weekly newspaper "Qalb Sadosi" ("The Sound of the Heart"). In 2013-2023, Enakhon was a deputy of the Regional Council of People's Deputies, and in 2015-2023, she was a member of the Senate of the Oliy Majlis of Uzbekistan. She died in Fergana on 13 January 2023, at the age of 68.

कवि का जीवन परिचय

एनाखोन सिद्दीकोवा का जन्म 1954 में उज़्बेकिस्तान के फ़रगना क्षेत्र के अल्ट्यारिक जिले में हुआ था। 1976 में, उन्होंने फ़रगना स्टेट पेडागोगिकल इंस्टीट्यूट के भाषाशास्त्र संकाय से स्नातक की उपाधि प्राप्त की। 1976 से 1996 तक, वह अल्टियारिक और फ़रगना जिलों के स्कूलों में उज़्बेक भाषा और साहित्य की शिक्षिका थीं, एक स्कूल निदेशक थीं, 1990 से 1997 तक वह समाचार पत्र "फ़रगोना हकीक़ती" ("फ़रगना ट्रुथ") के लिए एक रिपोर्टर थीं।

एनाखोन सिद्दीकोवा ने राइटर्स यूनियन ऑफ़ उज़्बेकिस्तान की फ़रगना क्षेत्रीय शाखा के प्रमुख के रूप में, साप्ताहिक समाचार पत्र "क़ल्ब सदोसी" ("द साउंड ऑफ़ द हार्ट") के प्रधान संपादक के रूप में काम किया। 2013-2023 में, एनाखोन पीपुल्स डेप्युटीज़ की क्षेत्रीय परिषद की डिप्टी थीं, और 2015-2023 में, वह उज़्बेकिस्तान की ओली मजलिस की सीनेट की सदस्य थीं। 13 जनवरी 2023 को 68 वर्ष की आयु में फ़रगना में उनकी मृत्यु हो गई।

PREFACE

I Wish Life Could be the Journey to Goodness is a book of selected poems by Enakhon Siddikova, who is an Uzbek poet from Fergana region of Uzbekistan. She was a poet, a reporter who dedicated her life to Uzbek literature. She has written poems in her native language Uzbek but after her death her poems have been translated into other international languages. In the current anthology, her poems are being translated into English language by Asror Allayarov of Kashkadarya, Uzbekistan and further in Hindi language by Dr. Shamenaz of India. In it 57 poems on myriad themes.

The very first poem, “Homeland and Mother” is about love for one’s country and this theme is followed in other poems like “Uzbekistan”, “Fergana” and “Great Nation”. There are some poems based on the theme of nature like; “Black Eyed Crane”, “Tree and Man”, “A Departing Bird”, “Pomegranate”, “Ode to the Trees”, “It is Hard to Live in the Spring”, “Rain”, “White Apples”, “In a Garden”,

"Wind", "Autumn Trees", "Wind, What did You Say?", "It's Snowing", "You Are the Sea", "Scenery", "Winter", "Oh! The Bird Cry in a Sad Sound" and "The Last Leaf".

Then we have the title poem, "I Wish Life Could be the Journey to Goodness" which is based on a wish to lead a virtuous life. There are some more poems on human emotions like; "I Wonder', "Hope, "Love", "Distress", "Suspense", "Existence", "Loneliness", "Outlook"

There are other poems based on myriad themes reflecting creativity and talent of the poet.

Dr. Shamenaz

प्रस्तावना

“मैं चाहती हूं कि ज़िन्दगी अच्छाई का सफर बने...,” एनाखोन सिद्दीकोवा की चुनिंदा कविताओं की एक किताब है, जो उज्बेकिस्तान के फ़रगना क्षेत्र की एक उज़्बेक कवि हैं। वह एक कवयित्री, एक पत्रकार थीं, जिन्होंने अपना जीवन उज़्बेक साहित्य के लिए समर्पित कर दिया। उन्होंने अपनी मूल भाषा उज़्बेक में कविताएँ लिखी हैं लेकिन उनकी मृत्यु के बाद उनकी कविताओं का अन्य अंतर्राष्ट्रीय भाषाओं में अनुवाद किया गया है। वर्तमान संकलन में, उनकी कविताओं का अंग्रेजी भाषा में अनुवाद कश्कादरिया, उज्बेकिस्तान के असरोर अल्लायारोव द्वारा और आगे हिंदी भाषा में भारत के डॉ. शमेनाज़ द्वारा किया जा रहा है। इसमें असंख्य विषयों पर 57 कविताएँ हैं।

पहली कविता, “मातृभूमि और माँ” अपने देश के प्रति प्रेम के बारे में है और इस विषय का अनुसरण "उज़्बेकिस्तान", "फ़रगना" और "महान राष्ट्र" जैसी अन्य कविताओं में भी किया गया है। प्रकृति विषय पर आधारित कुछ कविताएँ हैं जैसे; "काली आंखों वाली क्रेनें”, पेड़ और आदमी”, “एक जाने वाला पंछी”,“पेड़ और आदमी”, “एक जाने वाला पंछी”, "अनार", "पेड़ों को श्रद्धांजलि", “वसंत ऋतु में रहना कठिन है”, “बारिश, “ सफ़ेद

सेब", "एक बगीचे में", "हवा", "शरद ऋतु के पेड़", "हवा, तुमने क्या कहा?", "बर्फबारी हो रही है", "तुम समुद्र हो", "दृश्य", "शीतकालीन", "ओह! द बर्ड क्राई इन ए सैड साउंड" और "आखिरी पत्ता"।

फिर हमारे पास शीर्षक कविता है, "“मैं चाहती हूं कि ज़िन्दगी अच्छाई का सफर बने...," जो एक सदाचारी जीवन जीने की इच्छा पर आधारित है। मानवीय भावनाओं पर कुछ और कविताएँ हैं जैसे; "मैं हैरान हूं", “उम्मीद", "प्यार", “तनाव", “कौतुहल", "अस्तित्व", "अकेलापन", नज़रिया।

असंख्य विषयों पर आधारित अन्य कविताएँ भी हैं जो कवि की रचनात्मकता और प्रतिभा को दर्शाती हैं।

डॉ. शमेनाज़

HOMELAND AND MOTHER

My country is a bird,
In my chest that always warbling,
It's a lighted lamp by God,
On the altar of my soul.
Every stick of it is wisdom,
Every particle is a hadith.
The domes recite the verse,
The columns are teachers.
Caresses like its children,
Its arms are flip-flopped.
Violets are pouting,
Their missing belongs to the tulip.
In Shohimardon[1] mountain,
Gazelles are playing.
It gives me angel's waters,
From its spring.
Peppermint, dandelions,
Flows and screams while laughing,
From the streams of Paradise,
Flowers and peppercorns flow.
An illuminating book that God placed,
At the head side of my cradle,

---

[1] Shohimardon is a village and a subdivision of Fergana District, Fergana Region in eastern Uzbekistan

My country is the shining sun,
Around me day and night.
It does not stop praying,
Sews a steam through its love.
To these turbulent worlds,
It sews a dress from peace.
From the depth of its life
It is a burning black furnace -
The world is fried white corn,
Which my mother roasted in her heart.
Her tandoors are sharing,
Sweet bread is like cream,
Homeland, your bright image,
It is like my mother's open arms!

मातृभूमि और माँ

मेरा देश एक पक्षी है,
मेरे सीने में जो हमेशा लड़खड़ाता रहता है,
यह अल्लाह का जलाया हुआ दीपक है,
मेरी आत्मा की वेदी पर.
इसकी हर छड़ी ज्ञान है,
हर कण एक हदीस है.
गुंबद कविता पढ़ते हैं,
स्तम्भ शिक्षक हैं।
जो अपने बच्चों की तरह दुलार करता है,
इसकी भुजाएँ फ़्लिप-फ़्लॉप हैं।
वायलेट्स फुदक रहे हैं,
उनकी गुमशुदगी ट्यूलिप से संबंधित है।
शोहिमार्डन पर्वत में,
चिकारे बज रहे हैं.
यह मुझे फरिश्ता का पानी देता है,
इसके वसंत से.
पुदीना, सिंहपर्णी,
हँसते हुए बहती और चीखती है,
जन्नत की धाराओं से,
फूल और काली मिर्च बहते हैं।
एक रोशन किताब जो अल्लाह ने रखी,
मेरे पालने के सिरहाने पर,

चमकता सूरज है मेरा देश,
दिन रात मेरे आसपास.
यह दुआ करना बंद नहीं करता,
अपने प्यार के माध्यम से एक भाप सिलता है।
इन अशांत दुनियाओं के लिए,
यह शांति से एक पोशाक सिलता है।
इसके ज़िन्दगी की गहराई से
यह एक जलती हुई काली भट्टी है -
दुनिया तली हुई सफेद मकई है,
जिसे मेरी मां ने अपने दिल में भून लिया.
उसके तंदूर बाँट रहे हैं,
मीठी रोटी मलाई की तरह है,
मातृभूमि, आपकी उज्ज्वल छवि,
यह मेरी माँ की खुली बाँहों जैसी है!

UZBEKISTAN

Tales of its autumn are legendary,
A romantic expression comes from its spring,
Divine beings miss their angels,
This is the place where mornings in love bloom.
My father waters the garden of Freedom and Faith,
My mother quilts the patchwork of love,
She makes it clout flowers for her child,
This is a place rooted in a soul.
Every thirsty heart knocked its gate,
The people even filled the pitcher of niggard,
Even if they tested its patience,
This is a pass held a thousand and one torments.
It felt like all the abuse and oppression,
It's great grandfathers awakened the world,
Its lion's roars reached for a thousand centuries,
This is the place where Huvaydo[2] sleep.
It comes from a long way and it goes a long way,
The sun goes down with its head on its shoulder,
I wish you a happy journey, always be safe,
This is a great caravan full of blessings.

---

[2] Khujanazar Huvaydo (1704-1780) was a talented Uzbek poet, a major representative of Sufism literature.

उज़्बेकिस्तान

इसकी शरद ऋतु की कहानियाँ पौराणिक हैं,
इसके वसंत से एक रोमांटिक अभिव्यक्ति आती है,
दिव्य प्राणियों को अपने स्वर्गदूतों की याद आती है,
यह वह जगह है जहां प्यार की सुबहें खिलती हैं।
मेरे पिता स्वतंत्रता और विश्वास के बगीचे को सींचते हैं,
मेरी माँ प्यार की चादर ओढ़ती है,
वह इसे अपने बच्चे के लिए फूलों से सजाती है,
यह आत्मा में निहित स्थान है।
हर प्यासे दिल ने खटखटाया अपना दरवाज़ा,
लोगों ने कंगाल का घड़ा भी भर दिया,
भले ही उन्होंने इसके धैर्य की परीक्षा ली हो,
यह एक हजार और एक पीड़ाओं से भरा हुआ मार्ग है।
ऐसा महसूस हुआ जैसे सभी दुर्व्यवहार और उत्पीड़न,
परदादाओं ने दुनिया को जगाया,
इसके शेर की दहाड़ हजारों सदियों तक पहुंची,
यह वह जगह है जहां हुवैदो सोते हैं।
यह बहुत दूर से आता है और बहुत दूर तक जाता है,
सूरज उसके कंधे पर सिर रख कर डूब जाता है,
मैं आपकी सुखद यात्रा की कामना करता हूं, हमेशा सुरक्षित रहें,
यह दुआओं से भरा एक महान कारवां है।

FERGANA

In many countries, I have wandered,
I was amazed at the miracles.
But my nation I did not see,
The simple and kind one like you.
While your flower and grass kiss my heel,
Your willow fringe desires my ringlet.
Holding the longing like a glass,
A tulip goes to the roof.
While falling to my paths as honey,
The white mulberry swayed my swing.
Let me tell you, I saw everything but did not see,
A heavenly land like Fergana!
My happiness, my future felicity,
I will not be saddened by my fate.
I am a tree planted by God,
To the Eram Garden like Fergana.

फ़रगना

मैं कई देशों में घूम चुका हूं,
मैं चमत्कारों से चकित था.
परन्तु मैंने अपना राष्ट्र नहीं देखा,
आप जैसा सरल और दयालु।
जबकि तुम्हारे फूल और घास मेरी एड़ी को चूमते हैं,
आपकी विलो फ्रिंज मेरी रिंगलेट चाहती है।
चाहत को शीशे की तरह पकड़कर,
एक ट्यूलिप छत पर जाता है.
शहद बनकर मेरी राहों में गिरते हुए,
सफेद शहतूत ने मेरे झूले को हिला दिया।
मैं आपको बता दूं, मैंने सब कुछ देखा लेकिन नहीं देखा,
फ़रगना जैसी स्वर्गीय भूमि!
मेरी ख़ुशी, मेरा भविष्य सुख,
मैं अपने भाग्य से दुखी नहीं होऊंगा.
मैं अल्लाह का लगाया हुआ पेड़ हूँ,
फ़रगना जैसे एरम गार्डन तक।

I WONDER

I wonder,
It is strange,
If I die,
The people,
Who I missed in anticipation,
When I defy,
Does not come,
To see me,
While not sparing time,
They will come,
To bury me,
While moaning,
Screaming,
As if they missed something.

मैं हैरान हूं

मैं हैरान हूं,
अजीब है,
अगर मैं मर गया,
लोग,
जिसे मैंने प्रत्याशा में याद किया,
जब मैं विरोध करता हूँ,
नहीं आता,
मुझे देखने के लिए,
समय न बख्शते हुए,
वे आएंगे,
मुझे दफनाने के लिए,
कराहते हुए,
चिल्लाना,
मानो वे कुछ भूल गये हों।

BLACK-EYED CRANES

Black-eyed cranes... Never come back,
The sad Motherland is in their charming eyes.
Your flowers are in grief,
Your sun-like hand is bloody.
You are still taking slyness in refuge.
Black-eyed cranes are the memory of the Motherland...
Their wings are burnt and their eyes are taken out.
You will live forever vomiting blood, Motherland,
If you don't press their cemetery on your chest.
When do you return black-eyed cranes?
The crows peck my heart carelessly.
Dissatisfaction is a patch to the patched heart,
When will these fairy tales end?
The vulture does not neigh while tied —
Alpomish[3] of the suffered land sleep,
Anyway, believe, and trust, my people,
Your cranes return one morning...

---

[3] Alpamysh, also spelled as Alpamish or Alpamis, is an ancient Turkic epic or dastan, an ornate oral history, generally set in verse, and one of the most important examples of the Turkic oral literature of Central Asia, mainly the Kipchak Turks

काली आंखों वाली क्रेनें

काली आंखों वाली सारस... कभी वापस मत आना,
उनकी मनोहर आँखों में दुःखमय मातृभूमि है।
तुम्हारे फूल दुःख में हैं,
तुम्हारा सूर्य-सा हाथ लहूलुहान है।
तुम अब भी धूर्तता को आश्रय लिये हुए हो।
काली आंखों वाली सारस मातृभूमि की स्मृति हैं...
उनके पंख जला दिये गये और आंखें निकाल ली गयीं।
तुम खून की उल्टी करते हुए सदैव जीवित रहोगे, मातृभूमि,
अगर तुम उनके कब्रिस्तान को अपने सीने पर न दबाओगे।
आप काली आंखों वाले सारस कब लौटते हैं?
कौवे बेपरवाह होकर मेरे दिल पर चोंच मारते हैं।
असंतोष टूटे दिल पर एक पैबन्द है,
ये परीकथाएँ कब ख़त्म होंगी?
गिद्ध बाँधते समय हिनहिनाता नहीं -
पीड़ित भूमि नींद की अल्पोमिश,
वैसे भी, विश्वास करो, और विश्वास करो, मेरे लोगों,
आपकी सारस एक सुबह लौट आती हैं...

GREAT NATION

My God, fetterless like a tree,
If you plant me, let me grow again.
The trees stand upright, live intense,
The trees do not sit.
If I am one piece of firewood,
Become a painful flute,
They do not dispute the throne, the crown,
They don't betray others.
Even if it is crumbled like fallen leaves,
Does not shed its tears.
Straight from the blows of the axes,
It Falls but does not bend its knees.
Even if it bends,
It bends with its fruit,
It does not cause its friend to fall,
And does not celebrate as human.
They live in rebellion,
In hearts like love,
They are like one nation,
A great people, a great country.

* * *

A heart accustomed to insult, humiliation,

Hope is coming,
Freedom,
Independence!
Won't you die?
From this Happiness,
While delighted.

My heart that trembles like a leaf,
Forgot its name out of fear,
I have to put you a column -
A great column:
Out of pride
Out of honor,
Especially out of faith.
It doesn’t fit us, don't get used to it,
Often
To bend down.

महान राष्ट्र

मेरे भगवान, एक पेड़ की तरह बंधनहीन,
यदि तुम मुझे रोपोगे तो मुझे फिर से उगने दो।
पेड़ सीधे खड़े हैं, गहन जीवन जीते हैं,
पेड़ नहीं बैठते.
यदि मैं जलाऊ लकड़ी का एक टुकड़ा हूँ,
एक दर्द भरी बांसुरी बन जाओ,
वे तख्त-ताज-ताज पर विवाद नहीं करते,
वे दूसरों को धोखा नहीं देते.
भले ही वह गिरे हुए पत्तों की तरह टूट गया हो,
अपने आंसू नहीं बहाता.
सीधे कुल्हाड़ियों के वार से,
यह गिरता है लेकिन अपने घुटने नहीं मोड़ता।
भले ही वह झुक जाए,
वह अपने फल से झुक जाता है,
यह अपने मित्र को गिरने का कारण नहीं बनता,
और इंसान की तरह जश्न नहीं मनाता.
वे विद्रोह में रहते हैं,
दिलों में प्यार की तरह,
वे एक राष्ट्र की तरह हैं,
एक महान लोग, एक महान देश।

* * *

अपमान, अपमान का आदी हृदय,
आशा आ रही है,
स्वतंत्रता,
आज़ादी!
क्या तुम मरोगे नहीं?
इस ख़ुशी से,
जबकि खुश हूँ.
मेरा दिल जो पत्ते की तरह कांपता है,
डर के मारे अपना नाम भूल गया,
मुझे आपके लिए एक कॉलम रखना है -
एक बेहतरीन कॉलम:
अभिमान से बाहर
सम्मान से बाहर,
खासकर आस्था से.
यह हम पर फिट नहीं बैठता, इसकी आदत मत डालो,
अक्सर
झुकना.

PASSES AWAY

Maybe I will forget someday,
The spring that pleased my eyes.
Its inscription, seam will disappear,
An amulet destined to my happiness.
Maybe it will disappear from my memory,
Mornings illuminated my sick soul.
Its sound stops like a ringing bell,
Gongs hit my heart.
But it can't be erased from my memory,
The day Qodiri was hanged.
It seems to be trembling in my head,
Like always following me.

निधन

शायद मैं किसी दिन भूल जाऊंगा,
वह वसंत जो मेरी आँखों को भा गया।
इसका शिलालेख, सीम गायब हो जाएगा,
मेरी ख़ुशी के लिए एक ताबीज।
शायद यह मेरी याददाश्त से गायब हो जाएगा,
सुबहों ने मेरी बीमार आत्मा को रोशन कर दिया।
इसकी ध्वनि बजती हुई घंटी की तरह रुक जाती है,
घंटियाँ मेरे हृदय पर बजती हैं।
लेकिन इसे मेरी स्मृति से मिटाया नहीं जा सकता,
जिस दिन क़ोदिरी को फाँसी दी गई।
ऐसा लगता है जैसे मेरे सिर में कंपन हो रहा है,
जैसे हमेशा मेरा पीछा कर रहा हो.

ANNA AKHMATOVA

Stone prisons don't allow dawn to enter,
They do not pass control,
The sad eyes look in longing,
What's in her imagination?
The bloody morning,
As if in mourning,
It asks about the situation of living people.
Words are wounded like a sacrificed bird,
Can't get through its holes.
Peck each other's heart,
God does not hear anyone.
Deaf,
With the blind eyes -
The world is no different from prisons.

अन्ना अखमातोवा

पत्थर की जेलें भोर को प्रवेश नहीं करने देतीं,
वे नियंत्रण से नहीं गुजरते,
उदास आँखें चाहत में देखती हैं,
उसकी कल्पना में क्या है?
खूनी सुबह,
मानो शोक में हो,
यह जीवित लोगों की स्थिति के बारे में पूछता है।
शब्द बलि के पक्षी की तरह घायल हो गए हैं,
इसके छिद्रों से नहीं निकला जा सकता.
एक दूसरे के दिल पर चोंच मारो,
भगवान किसी की नहीं सुनते.
बहरा,
अंधी आँखों से -
दुनिया जेलों से अलग नहीं है.

ONE DAY

One day...the last day I have no regrets,
Although fate tested with a thousand pains.
It can't remain sad behind, I'm not broken,
Thank God, HE gave me everything unharmed.
My four daughters are like angels and my son,
Gems spilled from my soul remain behind me.
Death can't destroy my castles of faith,
My gardens will spread flowers behind me.
I know my four daughters cry for their mother,
My son will bury me in the soil in a moan...
Please don't scatter them on four sides,
Keep them safe, God.
Although I lived my life with pure faith,
My face is bright and upright in front of this nation.
Do my kids agree with me then?
When I think about it, I want to scream...
Do not they lose their scent after me?
Will I have any line in the memory of my people?
I owe a great debt to Motherland,
This nation's soul is a river, which is modest…

***

Don't fade the candles of my life, wind,

I'm still looking for the color of my heart.
Why are you cheating on me, attracting dreams?
I haven't heard the sound of happiness yet.
If I heard, I would write letters to God,
A thousand-year-old farewell would be forgotten.
Awake trees who are complaining to the sky,
They would sprout a beautiful tremor in their chest.
Surprise would open its eyes slowly,
A flower would hold its lips to the sun.
Smallpox could burn on the palm,
The soul could draw its picture in the sky.
Perhaps if I find the colors of my heart,
My God would make my eyes ink-pot.
While the wind extinguishes my candles,
My grave would be Homeland for missing.

एक दिन

एक दिन... आखिरी दिन मुझे कोई पछतावा नहीं है,
हालाँकि किस्मत ने हज़ार दर्द सहे।
यह पीछे उदास नहीं रह सकता, मैं टूटा नहीं हूँ,
भगवान का शुक्र है, उसने मुझे सब कुछ बिना किसी नुकसान के दिया।
मेरी चारों बेटियाँ देवदूत जैसी हैं और मेरा बेटा,
मेरी आत्मा से निकले रत्न मेरे पीछे रह जाते हैं।
मौत मेरे विश्वास के महल को नष्ट नहीं कर सकती,
मेरे बगीचे मेरे पीछे फूल फैलाएंगे।
मैं जानता हूं कि मेरी चार बेटियां अपनी मां के लिए रोती हैं,
मेरा बेटा कराहते हुए मुझे मिट्टी में दबा देगा...
कृपया उन्हें चार दिशाओं में न बिखेरें,
उन्हें सुरक्षित रखें, अल्लाह।
हालाँकि मैंने अपना जीवन शुद्ध विश्वास के साथ जीया,
इस राष्ट्र के सामने मेरा चेहरा उज्ज्वल और ईमानदार है।
तो क्या मेरे बच्चे मुझसे सहमत हैं?
जब मैं इसके बारे में सोचता हूं तो चीखना चाहता हूं...
क्या मेरे बाद उनकी खुशबू ख़त्म नहीं हो जाती?
क्या मेरे पास अपने लोगों की स्मृति में कोई रेखा होगी?
मुझ पर मातृभूमि का बहुत बड़ा ऋण है,
इस देश की आत्मा एक नदी है, जो विनम्र है...

***

मेरे जीवन की मोमबत्तियों को फीका मत करो, पवन,
मैं अभी भी अपने दिल का रंग ढूंढ रहा हूं।
तुम मुझे क्यों धोखा दे रहे हो, सपने आकर्षित कर रहे हो?
मैंने अभी तक ख़ुशी की आवाज़ नहीं सुनी है.
अगर मैंने सुना तो मैं भगवान को पत्र लिखूंगा,
हजारों साल पुरानी विदाई भूल जाएगी.
जागे हुए पेड़ जो आसमान से शिकायत कर रहे हैं,
उनके सीने में एक ख़ूबसूरत कम्पन उग आएगा।
आश्चर्य धीरे-धीरे अपनी आँखें खोलेगा,
एक फूल अपने होंठ सूरज की ओर रखेगा।
चेचक से हथेली पर जलन हो सकती है,
आत्मा आकाश में अपना चित्र बना सकती है।
शायद अगर मिल जाये मेरे दिल के रंग,
मेरा ख़ुदा मेरी आँखों को स्याही का बर्तन बना देगा।
जबकि हवा मेरी मोमबत्तियाँ बुझा देती है,
मेरी कब्र लापता होने के लिए होमलैंड होगी।

TREE AND MAN

This man would be a tree,
If it had a deep root.
This tree would be a man,
Only it has no knees to bend.
This tree would be a man,
It does not teach bribery.
This man cannot be a tree,
While carrying this heavy sin.

पेड़ और आदमी

यह आदमी एक पेड़ होगा,
अगर इसकी जड़ गहरी होती.
यह पेड़ एक आदमी होगा,
केवल इसके पास झुकने के लिए घुटने नहीं हैं।
यह पेड़ एक आदमी होगा,
यह रिश्वतखोरी नहीं सिखाता.
यह आदमी पेड़ नहीं हो सकता,
इस भारी पाप को ढोते हुए।

I WISH LIFE COULD BE THE JOURNEY TO GOODNESS...

Life is a sup of honey in your hand,
Or it is a poison in a glass.
Drinking is fate its pain and joy,
Life is a journey to your heart.
Sometimes compares the nightingale to the magpie,
Sometimes flowers tolerate grass,
Your fate is a joke, a game to the monkey,
To live means to endure so.
There are arrows, there are needles, there is no clear rival,
Sometimes you go into battle with yourself,
While giving your heart to the night to reach the morning,
Life is all about finding and comparing.
Sometimes lifts your head to the sky,
Sometimes your soul can't get to the threshold,
You look like a stranger to yourself,
Life means that the heart dements.
Every day, every moment is a drop from the soul,
No, it is a whip for love every day, every moment,
It is a fortune teller every day, every moment,
Life means to dig a well of mercy.
I wish life could be a journey to goodness,

I wish it could be Batman to the place of God.
It grows hope, grows happiness –
I wish your departure could be a victory.
Dogs bark after the caravan,
They forget the good deeds you have done,
One day if you set out on a horse like a coffin,
I wish at least a village of people could moan.

I wish your departure could be a victory...

मैं चाहता हूं कि जीवन अच्छाई का सफर बने...

जीवन आपके हाथ में शहद का सूप है,
या फिर ये प्याले में जहर है.
शराब पीना नियति है, दुःख भी है, आनंद भी है,
जीवन आपके दिल तक की यात्रा है।
कभी-कभी बुलबुल की तुलना मैगपाई से की जाती है,
कभी-कभी फूल घास सहन कर लेते हैं,
आपकी किस्मत एक मजाक है, बंदर के लिए एक खेल है,
जीने का मतलब है इतना सहना।
तीर हैं, सुइयाँ हैं, कोई स्पष्ट प्रतिद्वंद्वी नहीं है,
कभी-कभी आप अपने आप से युद्ध में उतर जाते हैं,
सुबह तक पहुँचने के लिए रात को अपना दिल देते हुए,
जीवन खोजने और तुलना करने के बारे में है।
कभी-कभी अपना सिर आसमान की ओर उठा लेता है,
कभी-कभी आपकी आत्मा दहलीज तक नहीं पहुंच पाती,
तुम अपने आप में अजनबी लगते हो,
जीवन का अर्थ है कि हृदय विक्षुब्ध हो जाता है।
हर दिन, हर पल आत्मा की एक बूंद है,
नहीं, ये प्यार का चाबुक है हर दिन, हर पल,
यह हर दिन, हर पल एक भविष्यवक्ता है,
जीवन का अर्थ दया का कुआँ खोदना है।
काश जीवन अच्छाई की यात्रा बन जाए,
काश यह भगवान के स्थान पर बैटमैन होता।

इससे आशा बढ़ती है, ख़ुशी बढ़ती है -
मैं कामना करता हूं कि आपका प्रस्थान एक जीत हो।
कारवां के पीछे कुत्ते भौंकते हैं,
वे आपके द्वारा किये गए अच्छे कर्मों को भूल जाते हैं,
एक दिन अगर आप ताबूत की तरह घोड़े पर निकल पड़ें.
काश कम से कम लोगों का एक गाँव कराह पाता।

मैं कामना करता हूं कि आपका प्रस्थान एक जीत हो...

A DEPARTING BIRD

"We all are birds that come and go one day."
Halima Khudoyberdieva

All of us are birds that will fly away one day,
A bird leaves the unfaithful world.
We spread to the winds those we collected,
A bird rides a wooden horse and moves away.
We are permanent for flowers, flower gardens,
To a poor soil that missed and longed for,
I am also ephemeral, the chains are lacerated,
A bird would remove shackles one by one.
Maybe the sky could moan behind us,
We could fall, like the lines of cranes –
Maybe we will not be forgotten by God, perhaps,
A bird could be erased from the memory of love.
All of us are birds that could fly one day...

एक एक जाने वाला पंछी

"हम सभी पक्षी हैं जो एक दिन आते हैं और चले जाते हैं।"
हलीमा खुदोयबरडीवा

हम सब पंछी हैं जो एक दिन उड़ जायेंगे,
एक परिंदा बेवफा दुनिया छोड़ जाता है।
जो कुछ हमने इकट्ठा किया था, उसे हमने हवाओं में फैला दिया,
एक पक्षी लकड़ी के घोड़े पर सवार होकर चला जाता है।
हम फूलों, फूलों के बगीचों के लिए स्थायी हैं,
उस गरीब मिट्टी के लिए जो चूक गई और जिसके लिए तरस गई,
मैं भी क्षणभंगुर हूं, जंजीरें बंधी हुई हैं,
एक पक्षी एक-एक करके बेड़ियाँ हटाता।
शायद आकाश हमारे पीछे विलाप कर सकता है,
हम गिर सकते हैं, क्रेन की पंक्तियों की तरह -
शायद हमें भगवान भूले नहीं होंगे, शायद,
प्रेम की स्मृति से एक पक्षी को मिटाया जा सकता है।
हम सभी पक्षी हैं जो एक दिन उड़ सकते हैं...

HOPE

Did I plant a sprout?
From words to souls,
Did I protect you my Homeland,
From the evil eye?
What a joy to find rest,
Forever in your arms,
Should I deserve if I lay down,
Do you wear cotton-fabric?

उम्मीद

क्या मैंने अंकुर लगाया?
शब्दों से आत्मा तक,
क्या मैंने अपनी मातृभूमि की रक्षा की,
बुरी नज़र से?
आराम पाकर कितनी ख़ुशी होती है,
हमेशा आपकी बाहों में,
अगर मैं लेट जाऊं तो क्या मुझे इसके लायक होना चाहिए?
क्या आप सूती कपड़ा पहनते हैं?

A DAY

A wheel of destiny,
Rotates,
Spins as a water wheel,
While buried in this soil thousands,
A million times,
The heart sprouts.
Fate is clear...
Like a crystal drop,
I'm going to soak in the dunes.
One hundred thousand...
Maybe from a thousand years of history,
I grow like a free word.
I will not die…
My spirit is like light,
Join the heavens forever.
Until a miracle happens,
It opens eyes like a spring, of course!
The wheel is spinning...

एक दिन

नियति का पहिया,
घूमता है,
पानी के पहिये की तरह घूमता है,
इस मिट्टी में दफ़न हुए हजारों,
लाखों बार,
हृदय अंकुरित होता है।
भाग्य स्पष्ट है...
एक क्रिस्टल बूंद की तरह,
मैं टीलों में भीगने जा रहा हूँ।
एक लाख...
शायद एक हजार साल के इतिहास से,
मैं एक स्वतंत्र शब्द की तरह विकसित होता हूं।
मेरी मौत नहीं होती...
मेरी आत्मा प्रकाश की तरह है,
हमेशा के लिए स्वर्ग से जुड़ें।
जब तक कोई चमत्कार न हो जाए,
निःसंदेह, यह झरने की तरह आँखें खोलता है!
पहिया घूम रहा है...

A TALE ABOUT CHILDHOOD

It's snowing outside. And inside,
The fire glows.
It's snowing outside. And inside,
Hearts are wood for the fireplace.
A fire burns in the fireplace connected to the soul,
There is an interesting conversation.
A divine moment with a book in heat,
There is a surprise in the eyes.
It's snowing outside, oleaster on palms,
The dried apricot melts.
The world sleeps for my grandmother's fairy tale,
The rest is fun.
It's dark outside. And inside,
This is my great childhood.
I knock on the door while screaming,
No one opens.
It's snowing outside.
I feel freezing.
The anger of this world,
It is beautiful and bright.

बचपन के बारे में एक कहानी

बाहर बर्फ पड़ रही है। और अंदर,
आग चमकती है.
बाहर बर्फ पड़ रही है। और अंदर,
दिल चिमनी के लिए लकड़ी हैं।
आत्मा से जुड़ी चिमनी में आग जलती है,
एक दिलचस्प बातचीत है.
गर्मी में किताब के साथ एक दिव्य क्षण,
आँखों में आश्चर्य है.
बाहर बर्फबारी हो रही है, हथेलियों पर ओलेस्टर,
सूखी खुबानी पिघल जाती है.
दुनिया मेरी दादी की परी कथा के लिए सोती है,
बाकी तो मजा है.
बाहर अँधेरा है. और अंदर,
यह मेरा महान बचपन है.
मैं चिल्लाते हुए दरवाज़ा खटखटाता हूँ,
कोई नहीं खोलता.
बाहर बर्फ पड़ रही है।
मुझे ठंड लग रही है.
इस दुनिया का गुस्सा,
यह सुंदर और चमकीला है ।

IN FRONT OF THIS PICTURE

Imagination confuses for a moment,
And the world stops silently as guilty.
While hugging its knees,
Disappointed endlessly,
Its chest is full of pain, and cries,
As the body of its owner,
The bent espalier,
Boredom froze in its eyes as a tear.
At the espalier,
After a thousand years of waiting,
Grapes turned into raisins because of sorrow.
The pomegranate with a crushed-out heart,
Bleeding out of grief on the shelf.
Poor threshold with longing eyes,
On the single-side road,
Sow its heart.
Waiting for the boy who did not return from the war,
The mother,
Who stared at the roads passionately,
In front of this picture,
My heart stops for a moment...

इस तस्वीर के सामने

कल्पना एक पल के लिए भ्रमित कर देती है,
और दुनिया दोषी मान कर चुपचाप रुक जाती है.
उसके घुटनों को गले लगाते हुए,
बेहद निराश,
इसकी छाती दर्द से भरी है, और रोती है,
अपने मालिक के शरीर के रूप में,
मुड़ा हुआ एस्पालियर,
बोरियत उसकी आँखों में आँसू बन कर जम गयी।
एस्पालियर में,
हजारों साल के इंतज़ार के बाद,
दुःख के मारे अंगूर किशमिश बन गये।
कुचले हुए दिल वाला अनार,
शेल्फ पर दुःख से खून बह रहा है।
हसरत भरी निगाहों से बेचारी दहलीज,
एक तरफ की सड़क पर,
इसका हृदय बोओ।
उस लड़के का इंतज़ार जो युद्ध से नहीं लौटा,
मां,
जो सड़कों को जोश से देखता था,
इस तस्वीर के सामने,
मेरा दिल एक पल के लिए रुक जाता है...

POMEGRANATE

Even its heart is bloody, tormented hard,
It was silent in eternal quietness.
Are its pieces pearl or ruby,
Its body was full of grief.
There are seven layers of curtains,
To the house of its love.
No one put it on his arm,
Nobody came to its threshold.
Something happened to it today,
It grabbed its heart suddenly.
Pomegranate seems to be in love,
In the morning, his chest cracked.

अनार

यहाँ तक कि इसका ह्रदय भी लहूलुहान है, कठोर पीड़ा से,
यह शाश्वत शांति में मौन था।
इसके टुकड़े मोती हैं या माणिक,
इसका शरीर दुख से भरा हुआ था.
पर्दे की सात परतें हैं,
उसके प्यार के घर तक.
किसी ने इसे अपनी बांह पर नहीं रखा,
इसकी दहलीज पर कोई नहीं आया.
आज इसे कुछ हुआ,
इसने अचानक उसका दिल पकड़ लिया।
लगता है अनार को प्यार हो गया है,
प्रातःकाल उसकी छाती फट गयी।

ODE TO THE TREES

Saying Allah, it blooms and bears fruit,
Even its bent body speaks about wisdom.
Nobody can teach a lesson of freedom, no,
As a wise teacher like a tree.
It narrates about the stars, the sky,
The flight nest for birds to the blue.
No one can teach a beautiful rebellion,
The tyranny of axes except mulberries.
Motherland, if my love for you is immeasurable,
If devotion is burning in my heart -
No one who has not been taught is as sensitive as a maple tree,
About endurance, courage, and pride.
The petals sing a poem to the sky from memory,
A soul wants to fly high.
In front of the born as a poet like trees,
You're embarrassed to write poems.

पेड़ों को श्रद्धांजलि

अल्लाह कहो, यह खिलता है और फल लाता है,
यहां तक कि इसका झुका हुआ शरीर भी ज्ञान की बात करता है।
आज़ादी का पाठ कोई नहीं पढ़ा सकता, नहीं,
एक पेड़ की तरह एक बुद्धिमान शिक्षक.
यह सितारों, आकाश, के बारे में बताता है
नीले रंग में पक्षियों के लिए उड़ान घोंसला।
ख़ूबसूरत बग़ावत कोई नहीं सिखा सकता,
शहतूत को छोड़कर कुल्हाड़ियों का अत्याचार।
मातृभूमि, यदि तुम्हारे प्रति मेरा प्रेम अथाह है,
अगर मेरे दिल में भक्ति जल रही है -
कोई भी व्यक्ति जिसे सिखाया नहीं गया है वह मेपल के पेड़
जितना संवेदनशील नहीं है,
धीरज, साहस और गौरव के बारे में।
पंखुड़ियाँ स्मृति से आकाश के लिए एक कविता गाती हैं,
एक आत्मा ऊंची उड़ान भरना चाहती है।
कवि के रूप में जन्मे लोगों के सामने वृक्षों की तरह,
तुम्हें कविताएँ लिखने में शर्म आती है।

IT IS HARD TO LIVE IN THE SPRING

It's hard to live in the spring...
A stone that blooms under your feet,
It is an odor that grows like a carnation while raising a head.
It's hard to live in the spring...
If your patience increases not with age,
But it is full of the smell of pure flowers.
It's hard to live in the spring...
If tulips run to the roof,
With eyes staring at your path like your mother
It's hard to live in the spring...
It visits every hut, feeble heart,
It fills every grave with flowers.
It's hard to live in the spring...
When God is blooming around you,
Or your God recognizes you.
It's hard to live in the spring...
You will recognize yourself, the world of God,
The divine path of a beautiful death.
It's hard to live in the spring...
If you don't bloom in the loving dawns,
If you don't spread an odor.

वसंत ऋतु में रहना कठिन है

वसंत ऋतु में जीना कठिन है...
एक पत्थर जो आपके पैरों के नीचे खिलता है,
यह एक गंध है जो सिर उठाते समय कार्नेशन की तरह बढ़ती है।
वसंत ऋतु में जीना कठिन है...
अगर आपका धैर्य उम्र के साथ नहीं बढ़ता,
लेकिन यह शुद्ध फूलों की गंध से भरा है.
वसंत ऋतु में जीना कठिन है...
यदि ट्यूलिप छत पर दौड़ते हैं,
माँ की तरह तेरी राह देखती आँखों से
वसंत ऋतु में जीना कठिन है...
यह हर झोंपड़ी में आता है, कमजोर दिल,
यह हर कब्र को फूलों से भर देता है।
वसंत ऋतु में जीना कठिन है...
जब ईश्वर आपके चारों ओर खिल रहा हो,
या फिर आपका भगवान आपको पहचान लेता है.
वसंत ऋतु में जीना कठिन है...
आप स्वयं को, ईश्वर की दुनिया को पहचान लेंगे,
सुन्दर मृत्यु का दिव्य मार्ग.
वसंत ऋतु में जीना कठिन है...
अगर तुम प्यार भरी सुबहों में नहीं खिलते,
यदि आप गंध नहीं फैलाते है।

RAIN

Let the thirsty people drink you, rain,
People with fountains of dreams - rain.
The rain that breaks its heart,
On the bosom of trails with the stone eyes.
The stone cracks in longing,
Violets bloom there, rain.
Is it your whisper, miss, cry,
My eyes are getting tearful - rain.
When you stopped,
The noise of love begins, rain...

बारिश

प्यासे तुम्हें पी लें, बरस जाएं,
सपनों के फव्वारे वाले लोग - बारिश।
वो बारिश जो दिल तोड़ देती है,
पथराई आंखों के साथ पगडंडियों के दामन पर.
चाहत में पत्थर टूट जाता है,
वहां बैंगनी फूल खिलते हैं, बारिश होती है।
क्या यह आपकी फुसफुसाहट है, याद आती है, रोना है,
मेरी आँखें डबडबा रही हैं-बारिश।
जब तुम रुके,
शुरू होता है प्यार का शोर, बारिश...

WHITE APPLES

Its wood is like your sibling's,
Holds its shoulder to greet you,
When you go on the road, just like your father,
The saint mulberry trees pray.
With their faces directed to the sun,
They glitter in the blue air.
While forgetting the world for a moment,
Dedicates itself to love.
When you come, run away happily to you,
With full of longing in emotion,
White apples fall into your palm,
Their dissatisfaction is cracked.
Their beautiful faces like the moon are so strenuous,
The cheek of a white apple is a ruby.
Do I have a right to enter this heaven?
Tell me if I have the right to reach out my hand!

सफ़ेद सेब

इसकी लकड़ी आपके भाई-बहन की लकड़ी जैसी है,
आपका स्वागत करने के लिए अपना कंधा पकड़ता है,
जब आप सड़क पर निकलते हैं, बिल्कुल अपने पिता की तरह,
संत शहतूत के पेड़ प्रार्थना करते हैं.
उनका मुख सूर्य की ओर था,
वे नीली हवा में चमकते हैं।
एक पल के लिए दुनिया को भूलकर,
खुद को प्यार के लिए समर्पित कर देता है.
जब तुम आओ तो ख़ुशी से तुम्हारे पास भाग जाओ,
भावनाओं में भरी चाहत के साथ,
सफेद सेब आपकी हथेली में गिरते हैं,
उनका असंतोष टूट गया है.
उनके चाँद जैसे खूबसूरत चेहरे कितने सशक्त हैं,
सफेद सेब का गाल माणिक्य जैसा होता है।
क्या मुझे इस स्वर्ग में प्रवेश करने का अधिकार है?
मुझे बताओ कि क्या मुझे अपना हाथ बढ़ाने का अधिकार है!

IN A GARDEN

Anxiety, danger in its dreams,
The white apple is very tired.
Sorrows torment its heart,
Aged prematurely by pains.
All the trees slept in the garden,
A pear snorts in peace.
Sorrows of an old apple,
Increase in the moonlight

एक बगीचे में

सपनों में चिंता, ख़तरा,
सफेद सेब बहुत थका हुआ है.
दुःख इसके हृदय को पीड़ा देते हैं,
कष्टों के कारण समय से पहले बूढ़ा होना।
बगीचे में सभी पेड़ सो गए,
एक नाशपाती शांति से खर्राटे लेती है।
एक पुराने सेब का दुख,
चाँदनी की रोशनी में बढ़ोतरी.

FALL

Fallen leaves covered the roads,
Fruits that have been rotten because of cold,
Fall enslaved the flowers,
The wind humiliates as much as it wants.
Trees don't want to desire,
Say goodbye and say the last word,
While whipping the branches several times,
The wind howls like wolves.

गिरना

गिरे हुए पत्तों ने सड़कों को ढँक दिया,
जो फल ठंड के कारण सड़ गए हों।
पतझड़ ने फूलों को गुलाम बना लिया,
हवा जितना चाहे उतना जलील करती है।
पेड़ इच्छा नहीं करना चाहते,
अलविदा कहो और आखिरी शब्द कहो,
शाखाओं को कई बार कोड़े मारते हुए,
हवा भेड़ियों की तरह चिल्लाती है।

WIND

It betrayed the gardens,
Do not cross their threshold.
No one pats its head anymore,
Does not kiss from its forehead.
He betrayed the gardens,
Can't dare,
To walk freely.
Now it enters the bosom of the gardens
Like a thief cat.
It is now cursed by the gardens,
In which miserable day,
It lost its faith.
Can't fly anymore,
Like a bird
Don't persuade these gardens again.

हवा

इसने बगीचों को धोखा दिया,
उनकी दहलीज को पार मत करो.
अब कोई अपना सिर नहीं थपथपाता,
इसके माथे से चुंबन नहीं होता.
उसने बागों को धोखा दिया,
हिम्मत नहीं कर सकता,
आज़ादी से घूमना.
अब यह बगीचों की गोद में प्रवेश करता है
चोर बिल्ली की तरह.
यह अब बगीचों द्वारा अभिशप्त है,
किस मनहूस दिन में,
इसने अपना विश्वास खो दिया.
अब और उड़ नहीं सकता,
एक पक्षी की तरह
इन बागों को फिर मत मनाना.

AUTUMN TREES

Is the moment of Goodbye so beautiful?
What is the fate of the end?
Autumn bends at its feet,
Want to perform its service?
Are they saints or holy?
Is there worry or sadness in its eyes?
To develop mankind,
It is raising the flag of truth.

पतझड़ के पेड़

क्या अलविदा का पल इतना खूबसूरत होता है?
अंत का भाग्य क्या है?
शरद ऋतु अपने पैरों पर झुकती है,
क्या आप इसकी सेवा करना चाहते हैं?
क्या वे संत हैं या पवित्र?
क्या इसकी आंखों में चिंता या उदासी है?
मानव जाति का विकास करना है,
यह सत्य का झंडा बुलंद कर रहा है.

NEAR HUGE STONE

Don't pass it carelessly, never,
Maybe it's suffering hard from pain.
Maybe it’s like a wise man who has seen much in life,
This huge stone is a genius with great wisdom.
Perhaps it’s forgotten by the centuries,
The secret lies in the depth of the period.
Maybe it sacrificed its life for the country,
It is a stoned brave man because of magic.
Maybe a bright message, verse, word,
Turn it into reality one day.
Only you understand it, keep silent,
Listen to its wisdom, the lesson of silence.

विशाल पत्थर के पास

इसे लापरवाही से मत छोड़ो, कभी नहीं,
शायद यह दर्द से बहुत ज्यादा पीड़ित हो रहा है.
शायद यह एक बुद्धिमान व्यक्ति की तरह है जिसने जीवन में
बहुत कुछ देखा है,
यह विशाल पत्थर महान बुद्धि वाला एक प्रतिभाशाली व्यक्ति है।
शायद यह सदियों से भुला दिया गया है,
रहस्य काल की गहराई में छिपा है।
शायद इसने देश के लिए अपनी जान कुर्बान कर दी,
यह जादू के कारण पत्थर मारा हुआ बहादुर आदमी है।
शायद एक उज्ज्वल संदेश, कविता, शब्द,
इसे एक दिन हकीकत में बदल दो।
बस तुम ही समझो, चुप रहो,
सुनो इसका ज्ञान, मौन का पाठ।

WIND, WHAT DID YOU SAY?

Wind, what did you say to the tree,
It screamed and moaned.
Then not obeying your judgment,
Every branch of it rebelled.
It is the victim for every grass, not for me,
If you shed its petals ruthlessly,
Even if you split its body straight,
It will not fall on your feet.
Wind, what did you say to the tree,
Why are you suffering so much?
It cried hard when it saw me,
Spreading its leaves like tears.
Wind, what did you say to the tree,
The poor thing is still crying silently.
It must live,
To the world,
To bear its fruit.
Wind, what did you say to the tree?

हवा, तुमने क्या कहा?

पवन, तुमने पेड़ से क्या कहा,
यह चिल्लाया और विलाप किया।
फिर आपके फैसले का पालन नहीं करना,
इसकी हर शाखा ने विद्रोह कर दिया.
यह हर घास का शिकार है, मेरा नहीं,
यदि तुम इसकी पंखुड़ियाँ बेरहमी से बहाओगे,
भले ही आप इसके शरीर को सीधे विभाजित कर दें,
यह आपके पैरों पर नहीं गिरेगा.
हवा, तुमने पेड़ से क्या कहा,
तुम्हें इतना कष्ट क्यों हो रहा है?
जब उसने मुझे देखा तो वह बहुत रोया,
अपने पत्तों को आँसुओं की तरह फैलाना।
पवन, तुमने पेड़ से क्या कहा,
बेचारी अब भी चुपचाप रो रही है.
इसे जीवित रहना चाहिए,
दुनिया के लिए,
उसका फल भोगना।
पवन, तुमने पेड़ से क्या कहा?

IT'S SNOWING

It's snowing...
Bright hopes awaken the heart,
What kind of miracle is this, God?
There are so many lights without the sun,
There is endless beauty, a bright goodbye.
The whole being is virgin, there is no dust,
Where are evilness and slyness buried?
I'm fed up with your pain-free lies, world,
I wanted to live with you again.
The winter and evening of life is the end,
A sound of "go back" hits my heels.
Why did you wake me up when I was leaving, God?
Why is my soul awake, and transparent when I'm leaving?
It's snowing...
In the petals like a white rose,
There is a divine call, a divine cry.
To the messages of passing life,
It's a great goodbye, a beautiful goodbye.
It's snowing...

आज बर्फ़ गिर रही है

आज बर्फ़ गिर रही है...
उज्ज्वल आशाएँ हृदय को जगाती हैं,
यह कैसा चमत्कार है भगवान?
सूरज के बिना भी बहुत सारी रोशनियाँ हैं,
वहाँ अनंत सौंदर्य है, एक उज्ज्वल अलविदा।
संपूर्ण अस्तित्व अछूता है, कोई धूल नहीं है,
दुष्टता और धूर्तता कहाँ दफ़न हैं?
मैं तुम्हारे दर्द रहित झूठ से तंग आ गया हूँ, दुनिया,
मैं तुम्हारे साथ फिर से रहना चाहता था।
जीवन की सर्दी और शाम का अंत है,
"वापस जाओ" की आवाज मेरी एड़ियों से टकराती है।
जब मैं जा रहा था तो तुमने मुझे क्यों जगाया, भगवान?
जब मैं जा रहा होता हूँ तो मेरी आत्मा जागृत और पारदर्शी क्यों
होती है?
आज बर्फ़ गिर रही है...
सफेद गुलाब की तरह पंखुड़ियों में,
एक दिव्य पुकार है, एक दिव्य पुकार है।
गुजरती जिंदगी के संदेशों को,
यह एक महान अलविदा है, एक सुंदर अलविदा है.
आज बर्फ़ गिर रही है...

I CHOSE YOU

I chose you... As my brave man,
I worshiped your love,
Thank God, I didn’t even look at it,
The men with horses and thrones.
I dedicated elegant poems,
With love to your heart,
You have become my mount of the horizon,
You have become my happiness, my love.
I chose you... Saying ‘my flower’,
You smiled like the sun,
You realized I aspired,
To your passionate hut.
Shivering in your chest,
That I became a flower like fire.
And I became a flower garden,
I didn't know either.

मैंने तुम्हें चुना

मैंने तुम्हें चुना... अपने बहादुर आदमी के रूप में,
मैंने तुम्हारे प्यार की पूजा की,
भगवान का शुक्र है, मैंने इसकी ओर देखा भी नहीं,
घोड़े और सिंहासन वाले पुरुष.
मैंने सुंदर कविताएँ समर्पित कीं,
अपने दिल से प्यार के साथ,
तुम मेरे क्षितिज का पर्वत बन गए हो,
तुम मेरी खुशी, मेरा प्यार बन गए हो।
मैंने तुम्हें चुना... 'मेरा फूल' कहकर,
तुम सूरज की तरह मुस्कुराए,
तुम्हें एहसास हुआ कि मैं आकांक्षा रखता हूँ,
आपकी जोशीली कुटिया को।
तुम्हारे सीने में सिहरन,
कि मैं आग सा फूल बन गया.
और मैं फूलों का बगीचा बन गया,
मुझे भी नहीं पता था.

YOU ARE THE SEA...

You are the sea,
I am the river.
I aspire to you as a spring,
I strive you in pain,
As a thirsty person your soul.
They lie while glittering,
At my feet,
Too many tributaries, too many rivers.
Even the world,
Put all the jewels for my particle.
I know in your ocean,
I forget that I am the river.
You don't know,
In your parting,
I am tortured by my love for you.
You are quiet,
You don't care,
You do not visit poor women like me.
To whom they belong to, only God knows,
Jewels of your heart,
You are the sea, I am the river...

तुम समुद्र हो...

तुम समुद्र हो,
मैं नदी हूँ.
मैं तुम्हें एक वसंत के रूप में चाहती हूँ,
मैं दर्द में तुम्हारी तलाश करती हूँ,
एक प्यासे आदमी के रूप में आपकी रूह.
वे चमकते हुए झूठ बोलते हैं,
मेरे चरणों में,
बहुत सारी सहायक नदियाँ, बहुत सारी नदियाँ।
यहां तक कि दुनिया,
सारे गहने मेरे कण के लिए रख दो।
मैं तुम्हारे सागर में जानता हूँ,
मैं भूल गया हूं कि मैं नदी हूं।
तुम्हें पता नहीं,
तुम्हारी जुदाई में,
मैं तुम्हारे प्रति अपने प्यार से प्रताड़ित हूं।
आप चुप हैं,
तुम्हें परवाह नहीं है,
आप मुझ जैसी गरीब महिलाओं से मिलने नहीं जाते.
वो किसके हैं ये तो भगवान ही जाने,
आपके दिल के गहने,
तुम समंदर हो, मैं नदी हूँ...

LOVE

Love!
Is it a wine that consists of sadness,
A sip of poison, a toxic,
It's a pain, it's a sin to drink it.
Renouncing is hard too,
It's heavy –
To pass someone without drinking.

***

Meeting is the great death of love
Iqbol Mirzo.

Love is the victory of hearts,
The win of the heart over the heart,
It goes through your heart,
Your lover's heartbeat.
Love is a defeat of the heart,
And give in to crazy love.
The moment of farewell is near,
Brutal execution –
Your meeting brings poor love to the chump of death.

प्यार

प्यार!
क्या ये वो शराब है जिसमें उदासी है,
ज़हर का एक घूंट, एक जहरीला,
यह पीड़ा है, इसे पीना पाप है।
त्यागना भी कठिन है,
यह भारी है -
बिना शराब पिए किसी के पास से गुजरना।

***

मिलन प्यार की अज़ीम मौत है
इक़बाल मिर्ज़ो.

प्यार दिलों की जीत है,
दिल पर दिल की जीत,
यह आपके दिल से होकर गुजरता है,
आपके प्रेमी की दिल की धड़कन.
प्यार दिल की हार है,
और पागल प्यार के आगे झुक जाओ।
विदाई का क्षण निकट है,
ज़ालिम अमल करना हैं -
तेरी मुलाकात बेचारी मुहब्बत को मौत की आगोश में ले आती है ।

THE THIRTIES...

Betrayal caresses the head,
Of the age of fear,
The sun has also betrayed,
To faith, joy, career, and fabrication.
The thirties...
If I press my chest, the blood will flow,
Motherland's tongue had been cut off,
It's hope hanged for gibbets,
Chirped like eremite birds,
Humiliated, suffered Homeland,
Were there any heroes?
Myths?
The thirties...
My hands are not enough to reach out.
If I think about it, it will go deeper.
Days that are like a knife in my chest,
The nights with chained hands and prisoners.

तीस का दशक...

विश्वासघात सिर सहलाता है,
डर के युग में,
सूरज ने भी दिया धोखा,
विश्वास, आनंद, करियर और निर्माण के लिए।
तीस का दशक...
छाती दबाऊंगा तो खून बह जाएगा,
मातृभूमि की जीभ कट गई थी,
यह गिब्बेट्स के लिए लटकी हुई आशा है,
एरेमाइट पक्षियों की तरह चहचहाया,
अपमानित, पीड़ित मातृभूमि,
क्या वहां कोई हीरो थे?
मिथक?
तीस का दशक...
मेरे हाथ आगे तक पहुँचने के लिए पर्याप्त नहीं हैं।
इसके बारे में सोचूंगा तो बात और गहराई तक जाएगी.
वे दिन जो मेरे सीने में चाकू की तरह हैं,
जंजीरों से बंधे हाथों और कैदियों वाली रातें।

DISTRESS

Incurable love, goodbye now,
I forgot myself, I lost myself.
While implored to not separate from my destiny,
I begged God, I supplicated God.
It is useless to be ashes in the fire of love,
Autumn came before my spring.
This soul sobs, which was deceived,
Maybe you don't deserve to love.
My strength is not enough to curse you,
I have no reason to blame you.
For loving you like crazy,
Now I take revenge from this heart.

तनाव

लाइलाज प्यार, अब अलविदा,
मैं खुद को भूल गया, मैंने खुद को खो दिया।
जबकि मेरे भाग्य से अलग न होने की विनती की,
मैंने भगवान से विनती की, मैंने भगवान से विनती की।
इश्क़ की आग में राख होना बेकार है,
मेरे वसंत से पहले पतझड़ आ गया।
सिसकती है ये रूह, जो छला गया,
शायद आप प्यार के लायक नहीं हैं.
मेरी ताकत तुम्हें श्राप देने के लिए पर्याप्त नहीं है,
मेरे पास आपको दोष देने का कोई कारण नहीं है।
तुम्हें पागलों की तरह प्यार करने के लिए,
अब मैं इस दिल से बदला लेता हूँ.

SCENERY

In the daytime heat,
The field breathes hard,
Stretches out,
The tired hoe.
Not reaching the water in the ditch,
The sun is beating,
The teapot.

प्राकृतिक दृश्य

दिन की गर्मी में,
मैदान ज़ोर से साँस लेता है,
विस्तार करता है,
थका हुआ कुदाल.
खाई में पानी नहीं पहुँच रहा,
सूरज तप रहा है,
चायदानी.

BREAKING...

The window breaks through the crashing noise,
A cradle trembles on the side.
Holding its heart until morning,
The door creaks.
There are no compromises and no peace in this house,
There are screams, shouting, rioting.
Wandering in the streets,
A conscience that does not fit into its own house.

टूटने के...

खड़खड़ाहट के शोर से खिड़की टूट जाती है,
एक पालना किनारे पर कांपता है।
सुबह तक अपना दिल थामे रखना,
दरवाज़ा चरमराता है.
इस घर में कोई समझौता नहीं और कोई शांति नहीं,
चीखें हैं, चीखें हैं, दंगे हैं.
सड़कों पर घूमना,
एक ज़मीर जो अपने ही घर में नहीं समाता.

QUESTION

As smelled like a betrayal,
Dogs howl towards the moon.
From the thin bridge of love,
Can you pass safely?
Although it snowed,
As if your footsteps were buried.
Don't you think of the sin of love?
Don't your knees tremble?
Will not curse until the doomsday,
The fiery, hot oath of love.
Tell me will not you be guilty,
For the grass covered by snow?

सवाल

जैसे विश्वासघात की गंध आ रही हो,
कुत्ते चाँद की ओर चिल्लाते हैं।
प्यार के पतले पुल से,
क्या आप सुरक्षित रूप से गुजर सकते हैं?
हालाँकि बर्फबारी हुई,
जैसे तुम्हारे कदम दब गए हों.
क्या आप प्रेम के पाप के बारे में नहीं सोचते?
क्या आपके घुटने नहीं कांपते?
कयामत तक शाप नहीं देंगे,
प्यार की ज्वलंत, गर्म शपथ.
बताओ क्या तुम दोषी नहीं होगे,
बर्फ से ढकी घास के लिए?

SAY ONE WORD, MY CHILD

Sorrows spin me like the wind,
The last leaf's moan appears in my soul.
O friend, say a word, sweet as your love,
Otherwise, I will break my graft.
I'm spilling, give me your hand,
This soul is dying, I need your love.
Say one word, my child, cheer me up,
The soil is pulling me into its depths.

एक शब्द कहो, मेरे बच्चे

दुःख मुझे हवा की तरह घुमाते हैं,
आखिरी पत्ते की कराह मेरी आत्मा में प्रकट होती है।
हे दोस्त, एक शब्द बोलो, तुम्हारे प्यार जितना मीठा,
नहीं तो मैं अपना भ्रष्टाचार तोड़ दूँगा।
मैं छलक रहा हूँ, मुझे अपना हाथ दो,
यह आत्मा मर रही है, मुझे आपके प्यार की जरूरत है।
एक शब्द कहो, मेरे बच्चे, मुझे खुश करो,
मिट्टी मुझे अपनी गहराई में खींच रही है.

BEING A POET

You may say, why do you need,
To renew a pain,
Feeling free,
To dig an ash of soul?
Being a poet is teaching,
By heart,
The science,
Of learning a soul.

एक कवि होना

आप कह सकते हैं, तुम्हें इसकी आवश्यकता क्यों है,
एक दर्द को ताज़ा करने के लिए,
आज़ाद महसूस कर रहा हूँ,
आत्मा की राख खोदने के लिए?
कवि होना सिखाना है,
रटकर,
विज्ञान,
एक आत्मा को सीखने का.

A DREAM

A passenger on a journey of happiness,
Let hope and love light up your day and night.
Spreading my dream like a flower on your way,
I wish I could plant my word like a flower.
You are alive, sorrows will disappear from the heart,
May your conscience be as bright as the morning.
May the altar of your soul,
I wish I could turn my poems on like a lamp.

एक सपना

खुशियों के सफर पर एक मुसाफिर,
आशा और प्रेम को अपने दिन और रात को रोशन करने दें।
अपने सपनों को तुम्हारे रास्ते में फूल की तरह फैलाना,
काश मैं अपने शब्द को फूल की तरह रोप पाता।
तुम ज़िंदा हो, दिल से ग़म मिट जायेंगे,
आपकी अंतरात्मा सुबह की तरह उज्ज्वल हो।
आपकी आत्मा की वेदी,
काश मैं अपनी कविताओं को दीपक की तरह जला पाता।

TIME

It doesn't take its eyes off even for a moment,
The chase is heart-pounding.
It looks like a tax collector,
Who was counting my income?

समय

वह एक क्षण के लिए भी अपनी आँखें नहीं हटाता,
पीछा दिल दहला देने वाला है.
यह कर संग्राहक जैसा दिखता है,
मेरी आय कौन गिन रहा था?

SUSPENSE

Oh God, the ground is Warfield, holocaust,
The children are thin, the earth is poor,
Is it afternoon time or is the earth tired,
Suspense creeps into my heart.
This wheel of destiny shakes restlessly,
There are dangers in the age-old glaciers, awake,
The seas are trembling and vindictive,
Suspense enters my while roaring.
Grandfathers spit blood in the Magadan,
Grandmothers cut down trees in forests in Siberia,
Don't these mistakes open our eyes,
Suspense into my heart while howling.
A bloodbath that doesn't remain unanswered,
Did evil come out of its place,
Oh, what kind of event is this fate?
Suspense enters my heart while sobbing.
If we were good, the Aral Sea would not have left us,
It did not take away its gazelle and duikers,
It would not have left us punching the deserts,
Suspense enters my heart while complaining.
Mankind is digging abyss for itself,
He is engraving the burning firewood of hell,
Or nature loses its mind,
Suspense enters my heart while howling.

कौतुहल

हे अल्लाह, मैदान युद्धक्षेत्र है, प्रलय है,
बच्चे पतले हैं, पृथ्वी गरीब है,
क्या दोपहर का समय है या धरती थक गयी है,
मेरे दिल में सस्पेंस घर कर जाता है.
नियति का ये पहिया बेचैन होकर हिलता है,
सदियों पुराने ग्लेशियरों में हैं खतरे, जागो,
समुद्र कांप रहे हैं और प्रतिशोधी हैं,
दहाड़ते हुए मेरे अंदर सस्पेंस आ जाता है.
मगदान में दादाओं ने खून थूका,
साइबेरिया के जंगलों में दादी-नानी ने पेड़ काटे,
क्या ये गलतियाँ हमारी आँखें नहीं खोलतीं,
चिल्लाते हुए मेरे दिल में सस्पेंस भर गया।
एक ऐसा रक्तपात जो अनुत्तरित नहीं रहता,
क्या बुराई अपनी जगह से बाहर आ गई,
ओह, यह कैसी घटना है नियति?
सिसकते हुए दिल में सस्पेंस घर कर जाता है.
अगर हम अच्छे होते तो अरल सागर हमें नहीं छोड़ता,
इसने उसके गजले और डुइकर्स को नहीं छीना,
इसने हमें रेगिस्तानों में मुक्का मारते हुए नहीं छोड़ा होता,
शिकायत करते-करते मेरे दिल में सस्पेंस घर कर जाता है।
मानव जाति अपने लिए खाई खोद रही है,
वह नर्क की जलती लकड़ी को उकेर रहा है,
या प्रकृति अपना दिमाग खो देती है,
चीखते-चिल्लाते दिल में सस्पेंस घर कर जाता है.

I AM A PIECE OF CANDLE IN THE HANDS OF TIME

I am a piece of candle in the hand of time,
The weak lawn is in the hands of time.
Don't beg, don't plead my heart,
The moment is an irreversible point.
Days are fallen leaves spilled into my heart,
Years were white snow that covered my hair.
Leave it, take care of me, scant me a little,
Get out of my eyes, you, pain and dust.

मैं समय के हाथों में मोमबत्ती का एक टुकड़ा हूं

मैं समय के हाथ में मोमबत्ती का एक टुकड़ा हूँ,
कमजोर लॉन समय के हाथ में है.
भीख मत मांगो, मेरे दिल की याचना मत करो,
क्षण एक अपरिवर्तनीय बिंदु है.
दिन मेरे दिल में गिरे हुए पत्तों की तरह हैं,
साल सफेद बर्फ थे जिसने मेरे बालों को ढँक दिया।
इसे छोड़ो, मेरा ख्याल रखो, मुझे थोड़ा कम करो,
मेरी आँखों से दूर हो जाओ तुम, दर्द और धूल।

EXISTENCE

I'm flipping through your book,
Every chapter is full of twin pain and sorrows,
It leads astray,
Your mirage,
Was it wrong?
What did I learn?
I'm reading carefully,
My eyes are blind,
A thousand spells in its orthography,
A thousand secrets,
Whatever I do, I'm wrong,
Poor,
It flowers after all,
What I planted.
Were you a test?
From the beginning to the end,
If I pant mercy, you grew up in anger,
Did you throw me?
Like a bottle cap,
While torturing an ignorant woman.

अस्तित्व

मैं आपकी किताब पलट रहा हूँ,
हर अध्याय दोहरे दर्द और दुख से भरा है,
यह भटकाता है,
आपकी मृगतृष्णा,
क्या यह ग़लत था?
मैंने क्या सीखा?
मैं ध्यान से पढ़ रहा हूँ,
मेरी आँखें अंधी हैं,
इसकी वर्तनी में एक हजार मंत्र,
हजारों रहस्य,
मैं जो भी करता हूं, गलत हूं,
गरीब,
आखिर यह खिलता है,
मैंने क्या लगाया.
क्या आप एक परीक्षण थे?
शुरू से अंत तक,
यदि मैं दया की हांफता हूं, तो तुम क्रोध में बड़े हो जाते हो,
क्या तुमने मुझे फेंक दिया?
बोतल के ढक्कन की तरह,
एक अज्ञानी स्त्री पर अत्याचार करते हुए।

THE LOVER WORLD

Magical world, longing world,
The lover world, a gibbet world.
First loves me by heart –
Then it made me impatient.
Drink its pain, be brave,
And don't fall for its lies.
Don't die of its sorrows,
Those couldn’t get the pain of the nation,
The lover world, a gibbet world,
Let it hang on to its gibbets.
This fiery heart that's beating,
Let it stop its fire.
Pain-free world, poor world,
I have nothing to do with you.
I won't step on you even if you're begged,
Your bed with expensive fabrics.
Drink its sorrow, be brave
Don't fall for its lies.
Don't die of its sorrows,
Those couldn’t get the pain of the nation.

प्रेमी दुनिया

जादुई दुनिया, लालसा वाली दुनिया,
प्रेमी दुनिया, एक गिबेट दुनिया.
पहले मुझसे दिल से प्यार करता है -
फिर इसने मुझे अधीर कर दिया.
इसका दर्द पियो, बहादुर बनो,
और इसके झूठ में मत फंसो.
इसके दुखों से मत मरो,
वे देश का दर्द नहीं पा सके,
प्रेमी दुनिया, एक गिबेट दुनिया,
इसे अपने गिब्बेट्स पर लटकने दो।
यह उग्र हृदय जो धड़क रहा है,
इसे अपनी आग रोक लेने दो.
दर्द रहित दुनिया, गरीब दुनिया,
मेरा आपसे कोई लेना-देना नहीं है.
अगर तुम गिड़गिड़ाओगे तो भी मैं तुम पर कदम नहीं रखूंगा,
महँगे कपड़ों वाला आपका बिस्तर।
इसके दुःख को पी जाओ, साहसी बनो
इसके झूठ में मत फंसो.
इसके दुखों से मत मरो,
उनको देश का दर्द नहीं मिल सका.

IN THE CEMETERY

A person doesn’t want to die here,
Silence is doing a recitation for someone.
The cold tombstones tremble your body,
You feel that there is an eternal truth.
Desolate streets sigh continuously,
A poor verse in vagrant graves:
"For this handful of soil and flint,
Did I finally sell my faith?"
Simple wisdom prevails in this:
They don't cover your body with your expensive fabrics.
An Enemy "blows" the candle of your life –
Right on the day, your feet are off the ground.

कब्रिस्तान में

यहां इंसान मरना नहीं चाहता,
मौन किसी के लिए पाठ कर रहा है.
ठंडी कब्रें आपके शरीर को कांपती हैं,
आपको लगता है कि एक शाश्वत सत्य है.
सुनसान सड़कें लगातार आहें भरती हैं,
आवारा कब्रों में एक घटिया कविता:
"इस मुट्ठी भर मिट्टी और चकमक पत्थर के लिए,
क्या आख़िरकार मैंने अपना विश्वास बेच दिया?"
इसमें सरल ज्ञान प्रबल है:
वे आपके शरीर को आपके महंगे कपड़ों से नहीं ढकते।
एक शत्रु आपके जीवन की मोमबत्ती को "बुझा" देता है -
ठीक उसी दिन, आपके पैर ज़मीन से हट जाते हैं।

LONELINESS

My heart is like a desert tree,
A far exiled from the world of pain,
There is no happiness, no dreams in the thoughts of the poor,
Maybe in a world with no patience.
My heart is like a strange leaf,
Alone, lost in the land of love,
Cruel winds don't blow it away,
My God, you please scant a little.
It is empty.,
There is no hope, no dream.
My heart is like a bottomless abyss.
I don't know when,
When will I fall?

अकेलापन

मेरा दिल एक रेगिस्तानी पेड़ की तरह है,
दर्द की दुनिया से बहुत दूर निर्वासित,
ग़रीबों के ख़यालों में न ख़ुशियाँ हैं, न ख़्वाब हैं,
शायद ऐसी दुनिया में जहां कोई धैर्य नहीं है।
मेरा दिल एक अजीब पत्ते की तरह है,
अकेला, प्रेम की भूमि में खोया हुआ,
क्रूर हवाएँ इसे उड़ा नहीं पातीं,
हे भगवान, आप कृपया थोड़ा कम करें।
यह खाली है.,
कोई आशा नहीं, कोई सपना नहीं.
मेरा दिल एक अथाह खाई की तरह है.
मुझे नहीं पता कब,
मैं कब गिरूंगा?

LIFE IS A GAME

If I think about it,
Life is a game,
I lost in one, I won in another.
Who cares?
Even if I torture,
What I lost is love, what I won is your memory.
Someone is the slave of wealth,
And some others of the heart,
I wonder why some people live without love perfectly.
God is my witness if my will is in my hand,
I wish I could born for you,
My dear

जिंदगी एक खेल है

अगर मैं इसके बारे में सोचूं,
जिंदगी एक खेल है,
एक में मैं हारा, दूसरे में जीता।
किसे पड़ी है?
भले ही मैं सताऊं,
जो खोया वो है प्यार, जो जीता वो है तेरी याद।
कोई दौलत का गुलाम है,
और कुछ अन्य दिल के,
मुझे आश्चर्य है कि कुछ लोग प्यार के बिना भी पूरी तरह क्यों रहते हैं।
यदि मेरी इच्छा मेरे हाथ में है तो ईश्वर मेरा गवाह है,
काश मैं तुम्हारे लिए जन्म ले पाता,
मेरे प्रिय!

WINTER

So cold and bitter,
This winter is furious.
Its oppression tormented the souls,
Even your sound freezes.
As the fields rest,
It's snowing outside.
Not worrying about anything,
Crows are wandering.
These roads wearies,
You feel you are losing your sight.
Your words in your throat,
Fall into your heart.
On top of that,
Beautiful, completely bright.
I don't know for whom,
This life is destined.

***

The years have calmed down me,
My black shirts had been taken off,
From my body,
World, why did you want to take revenge?
You erased my cheerful days.
I wore white clothes while crying,

The universe!
You directed me to horrible situations,
For whose joy,
My feet are going to weddings tomorrow.
As long as this life goes on,
I don't even have a place for birds in my heart.
While sobbing to wear white clothes,
My mournful heart never concedes.

सर्दी

इतना ठंडा और कड़वा,
यह सर्दी उग्र है.
इसके ज़ुल्म ने रूहों को सताया,
यहां तक कि आपकी आवाज भी रुक जाती है.
जैसे ही खेत आराम करते हैं,
बाहर बर्फ पड़ रही है।
किसी बात की चिंता नहीं,
कौवे घूम रहे हैं.
ये सड़कें थका देती हैं,
आपको लगता है कि आप अपनी दृष्टि खो रहे हैं।
आपके शब्द आपके गले में,
अपने दिल में उतरो.
उसके ऊपर,
सुंदर, पूर्णतः उज्ज्वल.
मैं नहीं जानता किसके लिए,
यह जीवन नियति है.

***

वर्षों ने मुझे शांत कर दिया है,
मेरी काली शर्ट उतार दी गई थी,
मेरे शरीर से,
दुनिया, तुम बदला क्यों लेना चाहते थे?
तुमने मेरे हँसी-मज़ाक के दिन मिटा दिये।

रोते समय मैंने सफेद कपड़े पहने,
जगत!
आपने मुझे भयानक परिस्थितियों की ओर निर्देशित किया,
किसकी ख़ुशी के लिए,
मेरे पैर कल शादियों में जा रहे हैं।
जब तक ये जिंदगी चलती रहेगी,
मेरे दिल में परिंदों के लिए भी जगह नहीं है.
सफेद कपड़े पहनने के लिए सिसकते हुए,
मेरा शोकाकुल हृदय कभी नहीं मानता।

OUTLOOK

Flowers laugh at me,
Every single tree is observing behind me.
Impudent winds will not leave my trail,
Time that holds my soul in its hands.
Where to hide myself?
Is there a shelter?
I ask heaven and earth for salvation,
Although it is in a cage, but,
My heart is in danger.

नज़रिया

फूल मुझ पर हँसते हैं,
हर एक पेड़ मेरे पीछे देख रहा है।
दिलेर हवाएँ मेरा पीछा नहीं छोड़ेंगी,
समय जो मेरी आत्मा को अपने हाथों में रखता है।
खुद को कहाँ छुपाऊं?
क्या कोई आश्रय है?
मैं मोक्ष के लिए स्वर्ग और पृथ्वी से प्रार्थना करता हूँ,
हालाँकि यह पिंजरे में है, लेकिन,
मेरा दिल ख़तरे में है.

LIFE

Life is beautiful, life is free, perfect,
If you want, pick up the flower of happiness.
Its longing and joy are twins,
If you want, walk with joy or sorrow.
Love life, fight, burn,
Fortune certainly greats you.
Live honestly, live without greed,
God created us pure.
If you are a cup or ceramic jug,
Divine power is not in your look.
With goodness, the spring of love,
You must fill the cup of happiness.

ज़िंदगी

जीवन सुन्दर है, जीवन स्वतंत्र है, उत्तम है,
तुम चाहो तो खुशियों का फूल उठा लो.
इसकी लालसा और खुशी जुड़वाँ हैं,
चाहो तो खुशी या गम के साथ चलो.
जीवन से प्यार करो, लड़ो, जलो,
भाग्य निश्चित रूप से आपको महान बनाता है।
ईमानदारी से जियो, बिना लालच के जियो,
भगवान ने हमें पवित्र बनाया।
यदि आप एक कप या चीनी मिट्‌टी का जग हैं,
आपके रूप में दैवीय शक्ति नहीं है.
अच्छाई के साथ, प्यार का वसंत,
तुम्हें ख़ुशियों का प्याला भरना होगा।

UNIVERSE

My chest is porous, I am in deep sorrow,
A careless person, run, don't worry.
I am a weak sinking ship,
Floating in the flood of ignorance.
Hey people?
What do you argue at this time?
They quarrel, and the plug sticks in my throat.
Even they forget in the desire lust,
They are in grief and this ship.

ब्रह्मांड

मेरी छाती सूज गई है, मैं गहरे दुःख में हूँ,
एक लापरवाह व्यक्ति, भागो, चिंता मत करो।
मैं एक कमज़ोर डूबता हुआ जहाज़ हूँ,
अज्ञानता की बाढ़ में तैरते हुए.
नमस्कार लोगों?
इस समय आप क्या बहस करते हैं?
वे झगड़ते हैं, और प्लग मेरे गले में फंस जाता है।
चाहत हवस में वो भी भूल जाते हैं,
वे और यह जहाज दुःख में हैं।

OH! THE BIRDS CRY IN A SAD SOUND

Oh, the birds cry in a sad sound,
Do the birds realize the sky?
On twisted rainbow wings,
Birds caress their wounded chest.
The birds cry in a sad sound,
Hitting their forehead to a tree branch.
Someone disappointed hard,
Why are you silent for their pain, the world?
The birds cry in a sad sound,
Holding their shoulders to the sunlight.
Their shining eyes are empty,
Their wavy breasts are dry.
Will their mother wipe away their tears?
Or does the child stick to its mother's arm?
Oh, the birds cry in a mournful sound,
Why does the world close its ears?!

ओह! पक्षी उदास ध्वनि में रोते हैं

ओह, पक्षी उदास स्वर में रोते हैं,
क्या पक्षियों को आकाश का एहसास होता है?
मुड़े हुए इंद्रधनुषी पंखों पर,
पक्षी अपनी घायल छाती को सहलाते हैं।
पक्षी उदास स्वर में रोते हैं,
अपने माथे को एक पेड़ की शाखा से टकराना।
किसी ने बहुत निराश किया,
उनके दर्द पर चुप क्यों हो दुनिया?
पक्षी उदास स्वर में रोते हैं,
उनके कंधों को सूरज की रोशनी की ओर पकड़े हुए।
उनकी चमकती आँखें खाली हैं,
उनके लहरदार स्तन सूखे हैं.
क्या उनकी मां उनके आंसू पोछेंगी?
या क्या बच्चा अपनी माँ की बांह से चिपका रहता है?
ओह, पक्षी शोकपूर्ण ध्वनि में रोते हैं,
दुनिया अपने कान क्यों बंद कर लेती है?!

A POETIC PORTRAIT

The clouds pass holding hands in the sky,
The universe holds glasses to the sun.
The swaying grass melts on the ground,
The wind spins like a wheel.
Nature is in movement,
Surprise buds and grow in your heart.
Apples look among the leaves,
Poplar trees fluctuate and stand up.
You can love, set fire to your heart,
From the basil to the velvety roses.
Wore a bunch of pepper beads,
To the cracked pillared porches.
The plank bed under the espalier,
Wishing for a twin child to its noble daughter.
Grandmother wipes her tears with her sleeve,
She knits a vest for her grandson.

एक काव्यात्मक चित्र

आसमान में बादल हाथ थामे गुजर जाते हैं,
ब्रह्मांड सूर्य को चश्मा देता है।
लहराती घास ज़मीन पर पिघलती है,
हवा पहिए की तरह घूमती है.
प्रकृति गतिमान है,
आश्चर्यचकित करने वाली कलियाँ आपके हृदय में उगेंगी।
सेब पत्तों के बीच दिखते हैं,
चिनार के पेड़ उतार-चढ़ाव करते हैं और खड़े रहते हैं।
आप प्यार कर सकते हैं, अपने दिल में आग लगा सकते हैं,
तुलसी से लेकर मखमली गुलाब तक।
काली मिर्च के मोतियों का एक गुच्छा पहना,
टूटे खंभों वाले बरामदों तक.
एस्पालियर के नीचे तख़्ता बिस्तर,
अपनी नेक बेटी के लिए जुड़वाँ बच्चे की कामना कर रहा हूँ।
दादी अपनी आस्तीन से अपने आँसू पोंछती है,
वह अपने पोते के लिए बनियान बुनती है।

BOREDOM

Trembles its memory of the fragrant images,
A leaf hangs on its branch,
Look, the night is falling on the floor of Hope,
Have green dreams and trees.
Going on the road from the month that I come,
Are you the ones who cried out of longing?
Scattered a scent to the night,
Have sweet dreams, basils.
Trees that didn't bloom... sigh,
They do not bend down to the stranger, leave them, heavens.
Putting your compassionate heart into the dreams,
Have white dreams and dissatisfactions.
You wish for great happy days,
A lonesome soul in a deserted hut.
Is Altyarik so far away? Nights,
Have sweet dreams, my dear mother!

ऊब

उसकी सुगंधित छवियों की स्मृति काँप उठती है,
एक पत्ता अपनी शाखा पर लटका हुआ है,
देखो, उम्मीद की मंजिल पर रात ढल रही है,
हरे सपने और पेड़ रखें।
जिस महीने मैं आता हूं उस महीने से सड़क पर जा रहा हूं।
क्या तुम वही हो जो लालसा से रोये थे?
रात में खुशबू बिखेरी,
मीठे सपने देखो, तुलसी।
जिन पेड़ों पर फूल नहीं खिले... आह,
वे पराये के सामने झुकते नहीं, उन्हें छोड़ दो, स्वर्ग।
अपने दयालु हृदय को सपनों में रखकर,
सफ़ेद सपने और असंतोष हो.
आप बड़े सुखद दिनों की कामना करते हैं,
एक सुनसान झोपड़ी में एक अकेली आत्मा।
क्या अल्ट्यारिक इतनी दूर है? रातें,
मीठे सपने देखो, मेरी प्यारी माँ!

WORD

Now you can live without worry,
True words went and found their shelter.
Heart, where did you exile it?
I had no wealth other than the words.
I yelled after it with excitement,
Taking my bleeding heart in my hand,
My deserted heart is dark, poor,
I had no honor other than words.
My heart is leaving like the Aral Sea,
It's sinking like a weak camel,
My life is moving away to the sunset,
I had no light rebellion except words.
Are you in nescience so, o heart?
So incautious, so careless.
True words left searching for a free soul,
I had no true friend except words.
Pain wakes my heart no more,
Now love is also happiness without shelter,
Now tree doesn't tell me its torment,
I had no pure love except words.
It shook my heart. Numb,
True words left my big soul.
Following the words of the exiled,
I am looking for myself.

शब्द

अब आप बिना चिंता के रह सकते हैं,
सत्य वचन गये और आश्रय पाया।
दिल, तुमने इसे कहाँ निर्वासित किया?
शब्दों के अलावा मेरे पास कोई दौलत नहीं थी.
मैं इसके बाद उत्साह से चिल्लाया,
मेरे खून बहते दिल को अपने हाथ में लेकर,
मेरा वीरान दिल अंधेरा है, गरीब है,
शब्दों के अलावा मेरे पास कोई सम्मान नहीं था.
मेरा दिल अरल सागर की तरह निकल रहा है,
यह एक कमज़ोर ऊँट की तरह डूब रहा है,
मेरा जीवन सूर्यास्त की ओर बढ़ रहा है,
शब्दों के अलावा मुझमें कोई हल्का विद्रोह नहीं था.
क्या तुम अज्ञान में हो, हे हृदय?
इतना असावधान, इतना लापरवाह.
सच्चे शब्द एक स्वतंत्र आत्मा की तलाश में निकल गए,
शब्दों के अलावा मेरा कोई सच्चा मित्र नहीं था।
दर्द अब मेरे दिल को नहीं जगाता,
अब प्यार भी बिना आश्रय की खुशी है,
अब पेड़ मुझे अपना सितम नहीं बताता,
शब्दों के अलावा मेरे पास कोई शुद्ध प्रेम नहीं था।
इसने मेरे दिल को झकझोर कर रख दिया. सुन्न,
सच्चे शब्दों ने मेरी बड़ी आत्मा को छोड़ दिया।
निर्वासितों के शब्दों का पालन करते हुए,
मैं खुद को ढूंढ रहा हूं ।

THE LAST LEAF

The last leaf flies like an astrologer,
When the sun goes down when I am expired,
A sound in my heart, my treasure dissatisfaction,
Friends, who will carry my coffin?
Will the wind caress my hair?
It hands over a walking stick to my sad son,
Will Willow bend over while crying?
Friends, who will carry my coffin?
Will every tree say goodbye spreading flowers?
Will longing and love close my eyes?
Perhaps a swallow holds from one side,
Friends, who will carry my coffin?
I wish a whole village would follow me,
I wish the trees could walk after my coffin...

आखिरी पत्ता

आखिरी पत्ता ज्योतिषी की तरह उड़ता है,
जब सूर्य अस्त हो जाता है जब मैं समाप्त हो जाता हूँ,
मेरे दिल में एक आवाज़, मेरा खजाना असंतोष,
मित्रो, मेरा ताबूत कौन उठाएगा?
क्या हवा मेरे बालों को सहलायेगी?
यह मेरे दुखी बेटे को एक छड़ी सौंपता है,
क्या विलो रोते समय झुक जाएगा?
मित्रो, मेरा ताबूत कौन उठाएगा?
क्या हर पेड़ फूल फैलाकर अलविदा कहेगा?
क्या लालसा और प्रेम मेरी आँखें बंद कर देंगे?
शायद एक निगल एक तरफ से पकड़ लेता है,
मित्रो, मेरा ताबूत कौन उठाएगा?
काश एक पूरा गाँव मेरे पीछे आ जाता,
काश पेड़ मेरे ताबूत के पीछे चल पाते...

www.ingramcontent.com/pod-product-compliance
Lightning Source LLC
LaVergne TN
LVHW091103150826
845673LV00002B/709

* 9 7 9 8 8 9 6 1 0 4 7 4 2 *